원작 K-PRODUCTION

1976년 창립한 이래 30년 이상 해외 애니메이션 공동 제작을 통해 얻은
축적된 기술력과 안정된 조직력을 바탕으로 창작 애니메이션의
기획, 제작을 지속적으로 해 왔으며, 국내 시장 및 해외 시장에서
적극적인 One Source Multi-Use(한 콘텐츠를 다양한 용도로 사용하는 것)를
실현하고 있는 애니메이션 전문 기획, 제작 배급 기업입니다. 대표작으로,
한·말레이시아 장편 애니메이션 〈내 사랑 뿡〉, 한·태국 최초 장편 애니메이션
〈사이킥 히어로〉, KBS 드라마 시트콤 〈반쪽이〉 애니메이션,
쌀·곡식 액션 3D 애니메이션 〈라이스맨〉 등이 있습니다.
MBC TV에서 방영된 〈타스의 풀이풀이 사자성어〉는
캐릭터 디자인 제작 전반에 걸친 모든 작업을 K-PRODUCTION에서 총괄하는
순수 창작 애니메이션으로, 캐릭터 상품 및 교재로 개발 진행 중입니다.

따라 쓰며 쉽게 익히는 나라와 수도 100

2019년 10월 25일 초판 1쇄 펴냄

펴낸곳	(주)꿈소담이
펴낸이	이준하
원 작	K-PRODUCTION
주 소	(우)02835 서울특별시 성북구 성북로 66 성북동빌딩 3층 302호
전 화	747-8970
팩 스	747-3238
등록번호	제6-473호(2002. 9. 3)
홈페이지	www.dreamsodam.co.kr
북 카 페	cafe.naver.com/sodambooks
전자우편	isodam@dreamsodam.co.kr

TASS©K-PRODUCTION All right reserved.
ISBN 978-89-5689-348-8 74980
ISBN 978-89-5689-343-3 74080(세트)

*책 가격은 뒤표지에 있습니다.
*꿈소담이의 좋은 책들은 어린이와 세상을 잇는 든든한 다리입니다.
*이 도서의 국립중앙도서관 출판예정도서목록(CIP)은 서지정보유통지원시스템 홈페이지(http://seoji.nl.go.kr)와
국가자료종합목록 구축시스템(http://kolis-net.nl.go.kr)에서 이용하실 수 있습니다.(CIP제어번호: CIP 2019041053)

타스의 **따라쓰기**

따라 쓰며 쉽게 익히는

나라와 수도

원작 K-PRODUCTION

차례

아시아

01 대한민국 • 12
02 북한 • 13
03 일본 • 14
04 몽골 • 15
05 타이완(대만) • 16
06 중국 • 17
07 인도네시아 • 18
08 캄보디아 • 19
09 라오스 • 20
10 말레이시아 • 21
11 필리핀 • 22
12 싱가포르 • 23
13 타이(태국) • 24
14 베트남 • 25
15 네팔 • 26
16 방글라데시 • 27
17 인도 • 28
18 파키스탄 • 29
19 이란 • 30
20 우즈베키스탄 • 31
21 사우디아라비아 • 32
22 시리아 • 33
23 아랍에미리트 • 34
24 오만 • 35
25 요르단 • 36
26 이라크 • 37
27 이스라엘 • 38
28 카타르 • 39
29 쿠웨이트 • 40
30 터키 • 41

유럽

31 이탈리아 • 44
32 포르투갈 • 45
33 에스파냐(스페인) • 46
34 바티칸시국 • 47
35 그리스 • 48
36 북마케도니아 • 49
37 크로아티아 • 50
38 아이슬란드 • 51
39 영국 • 52
40 아일랜드 • 53
41 덴마크 • 54
42 핀란드 • 55
43 노르웨이 • 56
44 스웨덴 • 57
45 루마니아 • 58
46 러시아 • 59
47 불가리아 • 60
48 우크라이나 • 61
49 체코 • 62
50 폴란드 • 63
51 헝가리 • 64
52 프랑스 • 65
53 룩셈부르크 • 66
54 벨기에 • 67
55 네덜란드 • 68
56 독일 • 69
57 스위스 • 70
58 모나코 • 71
59 오스트리아 • 72
60 보스니아-헤르체고비나 • 73

아프리카

- 61 에티오피아 • 76
- 62 케냐 • 77
- 63 소말리아 • 78
- 64 탄자니아 • 79
- 65 콩고민주공화국 • 80
- 66 르완다 • 81
- 67 코트디부아르 • 82
- 68 가나 • 83
- 69 니제르 • 84
- 70 나이지리아 • 85
- 71 세네갈 • 86
- 72 카메룬 • 87
- 73 알제리 • 88
- 74 이집트 • 89
- 75 리비아 • 90
- 76 모로코 • 91
- 77 수단 • 92
- 78 앙골라 • 93
- 79 마다가스카르 • 94
- 80 나미비아 • 95
- 81 남아프리카공화국 • 96
- 82 잠비아 • 97

북아메리카

- 83 캐나다 • 100
- 84 미국 • 101

남아메리카

- 85 멕시코 • 104
- 86 과테말라 • 105
- 87 자메이카 • 106
- 88 코스타리카 • 107
- 89 쿠바 • 108
- 90 베네수엘라 • 109
- 91 볼리비아 • 110
- 92 브라질 • 111
- 93 아르헨티나 • 112
- 94 에콰도르 • 113
- 95 우루과이 • 114
- 96 칠레 • 115
- 97 콜롬비아 • 116
- 98 페루 • 117

오세아니아

- 99 뉴질랜드 • 120
- 100 오스트레일리아(호주) • 121

부록 • 122

오대양 육대주

'오대양 육대주'라는 말을 들어 본 적 있지? '오대양'은 우리가 살고 있는 지구를 둘러싸고 있는 다섯 개의 대양을 말해. 바로 태평양, 대서양, 인도양, 남극해, 북극해지. 그리고 '육대주'는 지구 위의 여섯 개의 대륙을 말해. 아시아, 아프리카, 유럽, 오세아니아, 남아메리카, 북아메리카야.

이제부터 우리는 육대주, 즉 여섯 개 대륙의 나라들을 살펴볼 거야. 어떤 대륙에 어떤 나라가 있고, 또 그 나라의 수도는 어디인지 알아볼 거야. 수도가 뭐냐고? 수도는 한 나라의 중앙 정부가 있는 도시를 말해.

지금도 그렇지만 앞으로는 세계 여행을 하는 일이 더 많아질 테니까 어느 나라가 어느 대륙에 있고, 또 그 나라의 수도는 어디인지 정도는 기본으로 알아야겠지?

자, 그럼 차근차근 한 나라씩 알아보자. 나와 내 친구들이 알려 주는 대로 잘 따라 써 봐. 몇 번씩 따라 쓰며 큰 소리로 외우면 금세 수도 박사가 될 거야.

Asia

아시아

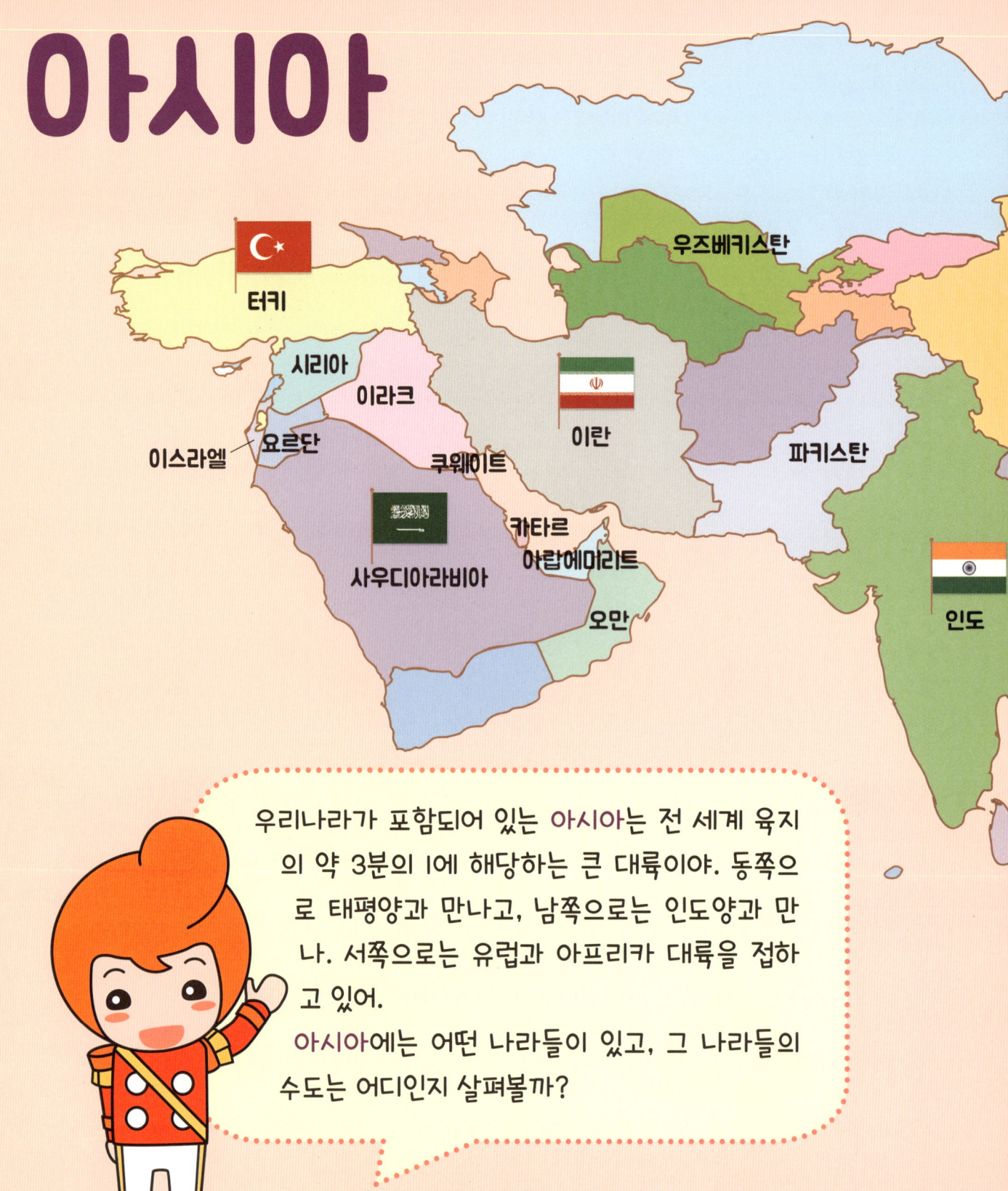

우리나라가 포함되어 있는 **아시아**는 전 세계 육지의 약 3분의 1에 해당하는 큰 대륙이야. 동쪽으로 태평양과 만나고, 남쪽으로는 인도양과 만나. 서쪽으로는 유럽과 아프리카 대륙을 접하고 있어.

아시아에는 어떤 나라들이 있고, 그 나라들의 수도는 어디인지 살펴볼까?

1. 대한민국

수도는 '**서울**'이야.

 잘 따라 쓰면서 읽어 봐.

대한민국 - 서울	대한민국 - 서울
대한민국 - 서울	대한민국 - 서울
대한민국 - 서울	대한민국 - 서울
대한민국 - 서울	대한민국 - 서울

TIP 우리나라는 '한국어'를 써.
조선 제4대 임금인 세종대왕이 만든 글자인 한글을 쓰지.

2. 북한 (정식 국가명: 조선민주주의인민공화국)

수도는 '**평양**'이야. 함흥냉면과 쌍벽을 이루는 평양냉면 알지? 평양에서 많이 먹는 냉면이라 그렇게 부르는 거야.

잘 따라 쓰면서 읽어 봐.

북한 - 평양	북한 - 평양
북한 - 평양	북한 - 평양
북한 - 평양	북한 - 평양
북한 - 평양	북한 - 평양

TIP 우리나라에서 쓰는 말과 조금 다른 단어도 있지만 북한도 '한국어'를 써. 지금은 남과 북으로 나뉘어 있지만 원래는 한 나라였거든.

3. 일본

수도는 '도쿄'야.
한자로는
'동경'이라고 쓰지.

 잘 따라 쓰면서 읽어 봐.

일본 - 도쿄	일본 - 도쿄
일본 - 도쿄	일본 - 도쿄
일본 - 도쿄	일본 - 도쿄
일본 - 도쿄	일본 - 도쿄

TIP 일본은 '일본어'를 써.

4. 몽골

수도는 '**울란바토르**'야. 몽골어로 '붉은 영웅'이란 뜻이래.

 잘 따라 쓰면서 읽어 봐.

몽골 - 울란바토르	몽골 - 울란바토르
몽골 - 울란바토르	몽골 - 울란바토르
몽골 - 울란바토르	몽골 - 울란바토르
몽골 - 울란바토르	몽골 - 울란바토르

TIP 정복 왕 '칭기즈 칸' 알지? 바로 칭기즈 칸이 태어난 나라가 몽골이야. 몽골은 '몽골어'를 써.

5. 타이완(대만) (정식 국가명: 중화민국)

수도는 '타이베이'야.
'타이베이 101 빌딩'이라고 들어 봤니?
'타이베이 세계 금융 센터'로 높이가
508m나 된대. 5층 매표소에서
전망대까지 엘리베이터를 타고 올라가는 데
37초밖에 안 걸려서 한때 세계에서
가장 빠른 엘리베이터로
기네스북에 올랐대.

 잘 따라 쓰면서 읽어 봐.

대만 - 타이베이	대만 - 타이베이
대만 - 타이베이	대만 - 타이베이
대만 - 타이베이	대만 - 타이베이
대만 - 타이베이	대만 - 타이베이

TIP 대만은 '중국어(만다린)', '타이완어', '객가어'를 써.

6. 중국 (정식 국가명: 중화인민공화국)

수도는 '**베이징**'이야. 한자로는 '북경'이라고 써.

잘 따라 쓰면서 읽어 봐.

중국 - 베이징	중국 - 베이징
중국 - 베이징	중국 - 베이징
중국 - 베이징	중국 - 베이징
중국 - 베이징	중국 - 베이징

TIP 중국은 인구가 14억 명이 넘는데, 세계에서 인구가 제일 많은 나라로 유명해. '중국어'를 써.

아시아 · 17

7. 인도네시아 (정식 국가명: 인도네시아공화국)

수도는 '**자카르타**'야. '승리의 도시'라는 뜻이래.

 잘 따라 쓰면서 읽어 봐.

인도네시아 - 자카르타	인도네시아 - 자카르타
인도네시아 - 자카르타	인도네시아 - 자카르타
인도네시아 - 자카르타	인도네시아 - 자카르타
인도네시아 - 자카르타	인도네시아 - 자카르타

TIP 인도네시아는 '인도네시아어'를 써.

8. 캄보디아 (정식 국가명: 캄보디아왕국)

수도는 '프놈펜'이야.

 잘 따라 쓰면서 읽어 봐.

캄보디아 - 프놈펜	캄보디아 - 프놈펜
캄보디아 - 프놈펜	캄보디아 - 프놈펜
캄보디아 - 프놈펜	캄보디아 - 프놈펜
캄보디아 - 프놈펜	캄보디아 - 프놈펜

TIP 캄보디아는 '크메르어'를 써.

9. 라오스 (정식 국가명: 라오인민민주주의공화국)

수도는 '비엔티안'이야.

잘 따라 쓰면서 읽어 봐.

라오스 - 비엔티안	라오스 - 비엔티안
라오스 - 비엔티안	라오스 - 비엔티안
라오스 - 비엔티안	라오스 - 비엔티안
라오스 - 비엔티안	라오스 - 비엔티안

TIP 라오스는 '라오스어'를 써.

10. 말레이시아 (정식 국가명: 말레이시아연방)

수도는 '쿠알라룸푸르'야.

잘 따라 쓰면서 읽어 봐.

말레이시아 - 쿠알라룸푸르	말레이시아 - 쿠알라룸푸르
말레이시아 - 쿠알라룸푸르	말레이시아 - 쿠알라룸푸르
말레이시아 - 쿠알라룸푸르	말레이시아 - 쿠알라룸푸르
말레이시아 - 쿠알라룸푸르	말레이시아 - 쿠알라룸푸르

TIP 말레이시아는 '말레이어'를 써.

아시아 • 21

11. 필리핀 (정식 국가명: 필리핀공화국)

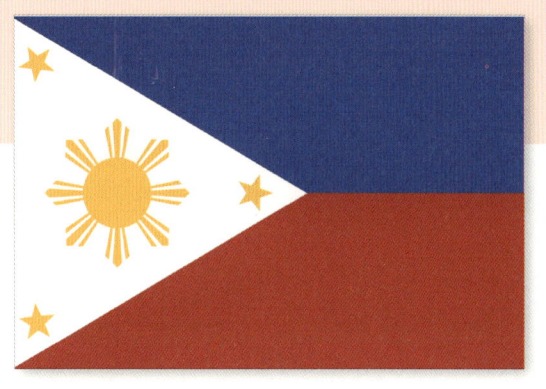

수도는 '마닐라'야.

 잘 따라 쓰면서 읽어 봐.

필리핀 - 마닐라	필리핀 - 마닐라
필리핀 - 마닐라	필리핀 - 마닐라
필리핀 - 마닐라	필리핀 - 마닐라
필리핀 - 마닐라	필리핀 - 마닐라

TIP 필리핀은 '타갈로그어'와 '영어'를 써.

12. 싱가포르 (정식 국가명: 싱가포르공화국)

수도는 '**싱가포르**'야. 나라 이름이랑 똑같아.

잘 따라 쓰면서 읽어 봐.

싱가포르 - 싱가포르	싱가포르 - 싱가포르
싱가포르 - 싱가포르	싱가포르 - 싱가포르
싱가포르 - 싱가포르	싱가포르 - 싱가포르
싱가포르 - 싱가포르	싱가포르 - 싱가포르

TIP 싱가포르는 '말레이어', '중국어', '영어', '타밀어'를 써.

13. 타이(태국) (정식 국가명: 타이왕국)

수도는 '**방콕**'이야. '천사의 도시'라는 뜻이래.

 잘 따라 쓰면서 읽어 봐.

태국 - 방콕	태국 - 방콕
태국 - 방콕	태국 - 방콕
태국 - 방콕	태국 - 방콕
태국 - 방콕	태국 - 방콕

TIP 태국은 '타이어'를 써.

14. 베트남 (정식 국가명: 베트남사회주의공화국)

수도는 '하노이'야.
'두 개의 강 사이에 있는 도시'라는 뜻이래.

잘 따라 쓰면서 읽어 봐.

베트남 - 하노이	베트남 - 하노이
베트남 - 하노이	베트남 - 하노이
베트남 - 하노이	베트남 - 하노이
베트남 - 하노이	베트남 - 하노이

TIP 베트남은 '베트남어'를 써.

아시아 • 25

15. 네팔 (정식 국가명: 네팔연방민주공화국)

수도는 '카트만두'야.

 잘 따라 쓰면서 읽어 봐.

네팔 - 카트만두	네팔 - 카트만두
네팔 - 카트만두	네팔 - 카트만두
네팔 - 카트만두	네팔 - 카트만두
네팔 - 카트만두	네팔 - 카트만두

TIP 네팔은 '네팔어'를 써.

16. 방글라데시 (정식 국가명: 방글라데시 인민공화국)

수도는 '다카'야.

잘 따라 쓰면서 읽어 봐.

방글라데시 - 다카	방글라데시 - 다카
방글라데시 - 다카	방글라데시 - 다카
방글라데시 - 다카	방글라데시 - 다카
방글라데시 - 다카	방글라데시 - 다카

TIP 방글라데시는 '벵골어'를 써.

17. 인도 (정식 국가명: 인디아공화국)

수도는 '뉴델리'야.

 잘 따라 쓰면서 읽어 봐.

인도 - 뉴델리	인도 - 뉴델리
인도 - 뉴델리	인도 - 뉴델리
인도 - 뉴델리	인도 - 뉴델리
인도 - 뉴델리	인도 - 뉴델리

TIP 인도는 '힌디어' 외 14개 공용어를 써. 영어도 쓰고.

18. 파키스탄 (정식 국가명: 파키스탄이슬람공화국)

수도는 '**이슬라마바드**'야. '이슬람의 도시'라는 뜻이래.

잘 따라 쓰면서 읽어 봐.

파키스탄 - 이슬라마바드	파키스탄 - 이슬라마바드
파키스탄 - 이슬라마바드	파키스탄 - 이슬라마바드
파키스탄 - 이슬라마바드	파키스탄 - 이슬라마바드
파키스탄 - 이슬라마바드	파키스탄 - 이슬라마바드

TIP 파키스탄은 '우르두어', '펀자브어', '신디어', '푸쉬트어', '영어'를 써. 한 나라인데 쓰는 말이 많지?

19. 이란 (정식 국가명: 이란이슬람공화국)

수도는 '**테헤란**'이야. 우리나라 강남에 '테헤란로'가 있는 거 알아? 원래는 '삼릉로'였어. 1977년 이란의 수도인 테헤란 시장이 서울을 방문했는데 테헤란 시와의 자매결연을 기념해서 도로 이름을 '테헤란로'로 바꾸었대.

 잘 따라 쓰면서 읽어 봐.

이란 - 테헤란	이란 - 테헤란
이란 - 테헤란	이란 - 테헤란
이란 - 테헤란	이란 - 테헤란
이란 - 테헤란	이란 - 테헤란

TIP 이란은 '페르시아어'를 써.

20. 우즈베키스탄 (정식 국가명: 우즈베키스탄공화국)

수도는 '**타슈켄트**'야. 시베리아어로 '돌의 마을'이란 뜻이래.

잘 따라 쓰면서 읽어 봐.

우즈베키스탄 - 타슈켄트	우즈베키스탄 - 타슈켄트
우즈베키스탄 - 타슈켄트	우즈베키스탄 - 타슈켄트
우즈베키스탄 - 타슈켄트	우즈베키스탄 - 타슈켄트
우즈베키스탄 - 타슈켄트	우즈베키스탄 - 타슈켄트

TIP 우즈베키스탄은 '우즈베크어'를 써.

21. 사우디아라비아 (정식 국가명: 사우디아라비아왕국)

수도는 '리야드'야. '정원'이라는 뜻이래.

잘 따라 쓰면서 읽어 봐.

사우디아라비아 - 리야드	사우디아라비아 - 리야드
사우디아라비아 - 리야드	사우디아라비아 - 리야드
사우디아라비아 - 리야드	사우디아라비아 - 리야드
사우디아라비아 - 리야드	사우디아라비아 - 리야드

TIP 사우디아라비아는 '아랍어'를 써.

22. 시리아 (정식 국가명: 시리아아랍공화국)

수도는 '다마스쿠스'야.

잘 따라 쓰면서 읽어 봐.

시리아 - 다마스쿠스	시리아 - 다마스쿠스
시리아 - 다마스쿠스	시리아 - 다마스쿠스
시리아 - 다마스쿠스	시리아 - 다마스쿠스
시리아 - 다마스쿠스	시리아 - 다마스쿠스

TIP 시리아는 '아랍어'를 써.

23. 아랍에미리트 (정식 국가명: 아랍에미리트연합)

수도는 '아부다비'야.

 잘 따라 쓰면서 읽어 봐.

아랍에미리트 - 아부다비	아랍에미리트 - 아부다비
아랍에미리트 - 아부다비	아랍에미리트 - 아부다비
아랍에미리트 - 아부다비	아랍에미리트 - 아부다비
아랍에미리트 - 아부다비	아랍에미리트 - 아부다비

TIP 아랍에미리트는 '아랍어'를 써.

24. 오만 (정식 국가명: 오만왕국)

수도는 '**무스카트**'야. '산이 바다에 떨어진 곳' 이라는 뜻이래.

잘 따라 쓰면서 읽어 봐.

오만 - 무스카트	오만 - 무스카트
오만 - 무스카트	오만 - 무스카트
오만 - 무스카트	오만 - 무스카트
오만 - 무스카트	오만 - 무스카트

TIP 오만은 '아랍어'를 써.

25. 요르단 (정식 국가명: 요르단하심왕국)

수도는 '**암만**'이야.

잘 따라 쓰면서 읽어 봐.

요르단 - 암만	요르단 - 암만
요르단 - 암만	요르단 - 암만
요르단 - 암만	요르단 - 암만
요르단 - 암만	요르단 - 암만

TIP 요르단은 '아랍어'를 써.

26. 이라크 (정식 국가명: 이라크공화국)

수도는 '바그다드'야.

 잘 따라 쓰면서 읽어 봐.

이라크 - 바그다드	이라크 - 바그다드
이라크 - 바그다드	이라크 - 바그다드
이라크 - 바그다드	이라크 - 바그다드
이라크 - 바그다드	이라크 - 바그다드

TIP 이라크는 '아랍어'를 써.

27. 이스라엘 (정식 국가명: 이스라엘국)

수도는 '**예루살렘**'이야. 예수님이 태어난 곳이지.

잘 따라 쓰면서 읽어 봐.

이스라엘 - 예루살렘	이스라엘 - 예루살렘
이스라엘 - 예루살렘	이스라엘 - 예루살렘
이스라엘 - 예루살렘	이스라엘 - 예루살렘
이스라엘 - 예루살렘	이스라엘 - 예루살렘

TIP 이스라엘은 '헤브라이어'와 '아랍어'를 써.

28. 카타르 (정식 국가명: 카타르국)

수도는 '도하'야. 2006년에 제15회 아시안게임이 열렸지. 우리나라는 그때 중국에 이어 2위를 차지했어.

 잘 따라 쓰면서 읽어 봐.

카타르 - 도하	카타르 - 도하
카타르 - 도하	카타르 - 도하
카타르 - 도하	카타르 - 도하
카타르 - 도하	카타르 - 도하

TIP 카타르는 '아랍어'를 써.

29. 쿠웨이트

수도는 '**쿠웨이트**'야. 나라 이름이랑 똑같아.

잘 따라 쓰면서 읽어 봐.

쿠웨이트 - 쿠웨이트	쿠웨이트 - 쿠웨이트
쿠웨이트 - 쿠웨이트	쿠웨이트 - 쿠웨이트
쿠웨이트 - 쿠웨이트	쿠웨이트 - 쿠웨이트
쿠웨이트 - 쿠웨이트	쿠웨이트 - 쿠웨이트

TIP 쿠웨이트는 '아랍어'를 써.

30. 터키 (정식 국가명: 터키공화국)

수도는 '앙카라'야. '앙고라'가 아니니까 헷갈리지 마.

 잘 따라 쓰면서 읽어 봐.

터키 - 앙카라	터키 - 앙카라
터키 - 앙카라	터키 - 앙카라
터키 - 앙카라	터키 - 앙카라
터키 - 앙카라	터키 - 앙카라

TIP 터키는 '터키어'를 써.

아시아 • 41

Europe

유럽

아이슬란드

노르웨이

스웨덴

덴마크

영국

아일랜드

네덜란드

벨기에
룩셈부르크

독일

체코

오스트리아

프랑스

스위스

크로아

보
헤르

포르투갈

에스파냐

모나코

이탈리아

바티칸시국

자, 출발!

유라시아 대륙 서쪽 끝부분에 있는 유럽은 동쪽으로 아시아와 접하고 있고, 남쪽은 지중해를 사이에 두고 아프리카 대륙과 이어져 있어. 육대주 중에서 가장 작은 대륙인 오세아니아보다 조금 더 크지.
유럽에는 어떤 나라들이 있고, 그 나라들의 수도는 어디인지 살펴볼까?

31. 이탈리아 (정식 국가명: 이탈리아공화국)

수도는 '**로마**'야.
로마는 8세기경에 작은 도시 국가로 시작해 주변의 나라를 정복해 로마 제국을 이뤘어.
'모든 길은 로마로 통한다.'는 말이 있을 정도로 번영했던 나라지.

 잘 따라 쓰면서 읽어 봐.

이탈리아 - 로마	이탈리아 - 로마
이탈리아 - 로마	이탈리아 - 로마
이탈리아 - 로마	이탈리아 - 로마
이탈리아 - 로마	이탈리아 - 로마

TIP 이탈리아는 '이탈리아어'를 써.

32. 포르투갈 (정식 국가명: 포르투갈공화국)

수도는 '리스본'이야. 유럽에서 가장 서쪽에 있어 대서양과 접하고 있는 항구도시지.

잘 따라 쓰면서 읽어 봐.

포르투갈 - 리스본	포르투갈 - 리스본
포르투갈 - 리스본	포르투갈 - 리스본
포르투갈 - 리스본	포르투갈 - 리스본
포르투갈 - 리스본	포르투갈 - 리스본

TIP 포르투갈은 '포르투갈어'를 써.

33. 에스파냐 (영어:스페인)

{ 정식 국가명: 에스타도에스파뇰(스페인왕국)

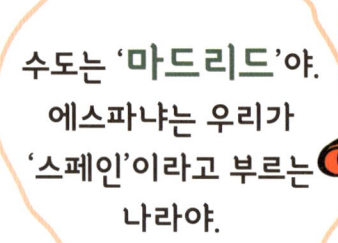

수도는 '마드리드'야. 에스파냐는 우리가 '스페인'이라고 부르는 나라야.

잘 따라 쓰면서 읽어 봐.

에스파냐 - 마드리드	에스파냐 - 마드리드
에스파냐 - 마드리드	에스파냐 - 마드리드
에스파냐 - 마드리드	에스파냐 - 마드리드
에스파냐 - 마드리드	에스파냐 - 마드리드

TIP 에스파냐는 '에스파냐어'를 써.

34. 바티칸시국

수도는 '**바티칸시티**'야. 이탈리아 로마에 있는 바티칸시국에는 교황청이 있고 교황님도 살고 계셔. 세상에서 가장 작은 나라라고 할 수 있지.

잘 따라 쓰면서 읽어 봐.

바티칸시국 - 바티칸시티	바티칸시국 - 바티칸시티
바티칸시국 - 바티칸시티	바티칸시국 - 바티칸시티
바티칸시국 - 바티칸시티	바티칸시국 - 바티칸시티
바티칸시국 - 바티칸시티	바티칸시국 - 바티칸시티

TIP 바티칸시국은 '이탈리아어'를 써.

35. 그리스 (정식 국가명: 그리스공화국)

수도는 '아테네'야.
유명한 아크로폴리스
파르테논 신전 알지?
그게 거기에 있어.

잘 따라 쓰면서 읽어 봐.

그리스 - 아테네	그리스 - 아테네
그리스 - 아테네	그리스 - 아테네
그리스 - 아테네	그리스 - 아테네
그리스 - 아테네	그리스 - 아테네

TIP 그리스는 '그리스어'를 써.

36. 북마케도니아

(정식 국가명: 북마케도니아공화국)

수도는 '스코페'야.

 잘 따라 쓰면서 읽어 봐.

북마케도니아 - 스코페	북마케도니아 - 스코페
북마케도니아 - 스코페	북마케도니아 - 스코페
북마케도니아 - 스코페	북마케도니아 - 스코페
북마케도니아 - 스코페	북마케도니아 - 스코페

TIP 북마케도니아는 '북마케도니아어'와 '알바니아어'를 써.

37. 크로아티아 (정식 국가명: 크로아티아공화국)

수도는 '자그레브'야.

잘 따라 쓰면서 읽어 봐.

크로아티아 - 자그레브	크로아티아 - 자그레브
크로아티아 - 자그레브	크로아티아 - 자그레브
크로아티아 - 자그레브	크로아티아 - 자그레브
크로아티아 - 자그레브	크로아티아 - 자그레브

TIP 크로아티아는 '크로아티아어'를 써.

38. 아이슬란드 (정식 국가명: 아이슬란드공화국)

수도는 '레이캬비크'야. '증기가 있는 하구'라는 뜻이래.

잘 따라 쓰면서 읽어 봐.

아이슬란드 - 레이캬비크	아이슬란드 - 레이캬비크
아이슬란드 - 레이캬비크	아이슬란드 - 레이캬비크
아이슬란드 - 레이캬비크	아이슬란드 - 레이캬비크
아이슬란드 - 레이캬비크	아이슬란드 - 레이캬비크

TIP 아이슬란드는 '아이슬란드어'를 써.

39. 영국 (정식 국가명: 그레이트브리튼 및 북아일랜드연합왕국)

영국은 그레이트브리튼 섬 (잉글랜드, 스코틀랜드, 웨일스)과 아일랜드 섬 북쪽의 북아일랜드로 이루어진 섬나라야. 수도는 잉글랜드에 있는 '런던'이야.

 잘 따라 쓰면서 읽어 봐.

영국 - 런던	영국 - 런던
영국 - 런던	영국 - 런던
영국 - 런던	영국 - 런던
영국 - 런던	영국 - 런던

TIP 영국은 '영어'를 써.

40. 아일랜드

수도는 '더블린'이야.

 잘 따라 쓰면서 읽어 봐.

아일랜드 - 더블린	아일랜드 - 더블린
아일랜드 - 더블린	아일랜드 - 더블린
아일랜드 - 더블린	아일랜드 - 더블린
아일랜드 - 더블린	아일랜드 - 더블린

TIP 아일랜드는 '게일어'와 '영어'를 써.

41. 덴마크 (정식 국가명: 덴마크왕국)

수도는 '**코펜하겐**'이야. 북유럽의 베니스라고 불리는 항구도시지.

잘 따라 쓰면서 읽어 봐.

덴마크 - 코펜하겐	덴마크 - 코펜하겐
덴마크 - 코펜하겐	덴마크 - 코펜하겐
덴마크 - 코펜하겐	덴마크 - 코펜하겐
덴마크 - 코펜하겐	덴마크 - 코펜하겐

TIP 유산균으로 유명한 덴마크는 '덴마크어'를 써.

42. 핀란드 (정식 국가명: 핀란드공화국)

수도는 '**헬싱키**'야. 우리나라처럼 3면이 바다로 둘러싸인 항구도시야. '발틱의 아가씨'라 불리는 청결한 도시지.

 잘 따라 쓰면서 읽어 봐.

핀란드 - 헬싱키	핀란드 - 헬싱키
핀란드 - 헬싱키	핀란드 - 헬싱키
핀란드 - 헬싱키	핀란드 - 헬싱키
핀란드 - 헬싱키	핀란드 - 헬싱키

TIP 핀란드는 '핀란드어'와 '스웨덴어'를 써.

유럽

43. 노르웨이 (정식 국가명: 노르웨이왕국)

수도는 '오슬로'야.

잘 따라 쓰면서 읽어 봐.

노르웨이 - 오슬로	노르웨이 - 오슬로
노르웨이 - 오슬로	노르웨이 - 오슬로
노르웨이 - 오슬로	노르웨이 - 오슬로
노르웨이 - 오슬로	노르웨이 - 오슬로

TIP 노르웨이는 '노르웨이어'를 써.

44. 스웨덴 (정식 국가명: 스웨덴왕국)

수도는 '스톡홀름'이야. '북유럽의 베네치아'라고 불리는 항구도시야.

잘 따라 쓰면서 읽어 봐.

스웨덴 - 스톡홀름	스웨덴 - 스톡홀름
스웨덴 - 스톡홀름	스웨덴 - 스톡홀름
스웨덴 - 스톡홀름	스웨덴 - 스톡홀름
스웨덴 - 스톡홀름	스웨덴 - 스톡홀름

TIP 스웨덴은 '스웨덴어'를 써.

45. 루마니아

수도는 '**부쿠레슈티**'야.

잘 따라 쓰면서 읽어 봐.

루마니아 - 부쿠레슈티	루마니아 - 부쿠레슈티
루마니아 - 부쿠레슈티	루마니아 - 부쿠레슈티
루마니아 - 부쿠레슈티	루마니아 - 부쿠레슈티
루마니아 - 부쿠레슈티	루마니아 - 부쿠레슈티

TIP 루마니아는 '루마니아어', '헝가리어', '독일어'를 써.

46. 러시아 (정식 국가명: 러시아연방)

수도는 '모스크바'야.

잘 따라 쓰면서 읽어 봐.

러시아 - 모스크바	러시아 - 모스크바
러시아 - 모스크바	러시아 - 모스크바
러시아 - 모스크바	러시아 - 모스크바
러시아 - 모스크바	러시아 - 모스크바

TIP 러시아는 '러시아어'를 써.

47. 불가리아 (정식 국가명: 불가리아공화국)

수도는 '소피아'야.

잘 따라 쓰면서 읽어 봐.

불가리아 - 소피아	불가리아 - 소피아
불가리아 - 소피아	불가리아 - 소피아
불가리아 - 소피아	불가리아 - 소피아
불가리아 - 소피아	불가리아 - 소피아

TIP 요구르트와 장수의 나라 불가리아는 '불가리아어'를 써.

48. 우크라이나

수도는 '키예프'야.

잘 따라 쓰면서 읽어 봐.

우크라이나 - 키예프	우크라이나 - 키예프
우크라이나 - 키예프	우크라이나 - 키예프
우크라이나 - 키예프	우크라이나 - 키예프
우크라이나 - 키예프	우크라이나 - 키예프

TIP 우크라이나는 '우크라이나어', '러시아어', '수르지크(우크라이나어와 러시아어 혼용)'를 써.

49. 체코 (정식 국가명: 체코공화국)

수도는 '프라하'야.

잘 따라 쓰면서 읽어 봐.

체코 - 프라하	체코 - 프라하
체코 - 프라하	체코 - 프라하
체코 - 프라하	체코 - 프라하
체코 - 프라하	체코 - 프라하

TIP 체코는 '체코어'를 써.

50. 폴란드 (정식 국가명: 폴란드공화국)

수도는 '**바르샤바**'야.

잘 따라 쓰면서 읽어 봐.

폴란드 - 바르샤바	폴란드 - 바르샤바
폴란드 - 바르샤바	폴란드 - 바르샤바
폴란드 - 바르샤바	폴란드 - 바르샤바
폴란드 - 바르샤바	폴란드 - 바르샤바

TIP 폴란드는 '폴란드어'를 써.

51. 헝가리 (정식 국가명: 헝가리공화국)

수도는 '부다페스트'야.

잘 따라 쓰면서 읽어 봐.

헝가리 - 부다페스트	헝가리 - 부다페스트
헝가리 - 부다페스트	헝가리 - 부다페스트
헝가리 - 부다페스트	헝가리 - 부다페스트
헝가리 - 부다페스트	헝가리 - 부다페스트

TIP 헝가리는 '헝가리어'를 써.

52. 프랑스 (정식 국가명: 프랑스공화국)

수도는 '파리'야. 파리의 상징이자 프랑스의 상징인 '에펠탑'이 있는 곳이지.

 잘 따라 쓰면서 읽어 봐.

프랑스 - 파리	프랑스 - 파리
프랑스 - 파리	프랑스 - 파리
프랑스 - 파리	프랑스 - 파리
프랑스 - 파리	프랑스 - 파리

TIP 프랑스는 '프랑스어'를 써.

53. 룩셈부르크 (정식 국가명: 룩셈부르크대공국)

수도는 '룩셈부르크'야. 나라 이름이랑 똑같지.

잘 따라 쓰면서 읽어 봐.

룩셈부르크 - 룩셈부르크	룩셈부르크 - 룩셈부르크
룩셈부르크 - 룩셈부르크	룩셈부르크 - 룩셈부르크
룩셈부르크 - 룩셈부르크	룩셈부르크 - 룩셈부르크
룩셈부르크 - 룩셈부르크	룩셈부르크 - 룩셈부르크

TIP 룩셈부르크는 '룩셈부르크어', '프랑스어', '독일어'를 써.

54. 벨기에 (정식 국가명: 벨기에왕국)

수도는 '브뤼셀'이야. '유럽연합(EU)'과 '북대서양조약기구(NATO)' 본부가 이곳에 있어.

 잘 따라 쓰면서 읽어 봐.

벨기에 - 브뤼셀	벨기에 - 브뤼셀
벨기에 - 브뤼셀	벨기에 - 브뤼셀
벨기에 - 브뤼셀	벨기에 - 브뤼셀
벨기에 - 브뤼셀	벨기에 - 브뤼셀

TIP 벨기에는 '네덜란드어', '프랑스어', '독일어'를 써.

55. 네덜란드 (정식 국가명: 네덜란드왕국)

수도는 '**암스테르담**'이야. 네덜란드가 풍차와 튤립으로 유명하지? 암스테르담에는 튤립 박물관도 있고 튤립 축제도 있어.

잘 따라 쓰면서 읽어 봐.

네덜란드 - 암스테르담	네덜란드 - 암스테르담
네덜란드 - 암스테르담	네덜란드 - 암스테르담
네덜란드 - 암스테르담	네덜란드 - 암스테르담
네덜란드 - 암스테르담	네덜란드 - 암스테르담

TIP 네덜란드는 '네덜란드어'를 써.

56. 독일 (정식 국가명: 독일연방공화국)

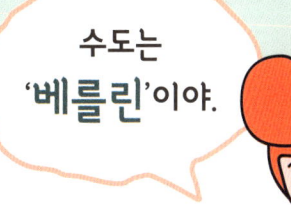
수도는 '베를린'이야.

잘 따라 쓰면서 읽어 봐.

독일 - 베를린	독일 - 베를린
독일 - 베를린	독일 - 베를린
독일 - 베를린	독일 - 베를린
독일 - 베를린	독일 - 베를린

TIP 독일은 '독일어'를 써.

57. 스위스 (정식 국가명: 스위스연방공화국)

수도는 '**베른**'이야.
곰이 베른의 상징이라는 거 알아? 베른에 가면 '곰 공원'도 있어.

 잘 따라 쓰면서 읽어 봐.

스위스 - 베른	스위스 - 베른
스위스 - 베른	스위스 - 베른
스위스 - 베른	스위스 - 베른
스위스 - 베른	스위스 - 베른

TIP 스위스는 '독일어', '프랑스어', '이탈리아어', '로망슈어'를 써.

58. 모나코 (정식 국가명: 모나코공국)

수도는 '모나코'야. 나라 이름이랑 똑같지.

잘 따라 쓰면서 읽어 봐.

모나코 - 모나코	모나코 - 모나코
모나코 - 모나코	모나코 - 모나코
모나코 - 모나코	모나코 - 모나코
모나코 - 모나코	모나코 - 모나코

TIP 모나코는 '프랑스어'를 써. 모나코는 세상에서 바티칸시국 다음으로 작은 나라야.

59. 오스트리아 (정식 국가명: 오스트리아공화국)

수도는 '빈'이야. '빈소년합창단' 알지? 7~15세의 변성기 이전 소년들로 구성된 합창단 말이야. 이들은 빈 궁정 성당에 소속된 성가대야.

 잘 따라 쓰면서 읽어 봐.

오스트리아 - 빈	오스트리아 - 빈
오스트리아 - 빈	오스트리아 - 빈
오스트리아 - 빈	오스트리아 - 빈
오스트리아 - 빈	오스트리아 - 빈

TIP 오스트리아는 '독일어'를 써.

60. 보스니아-헤르체고비나

(정식 국가명: 보스니아-헤르체고비나공화국)

나라 이름이 참 길지? 수도는 '**사라예보**'야. 제1차 세계대전의 발단이 된 곳이지. 민족과 종교가 여러 개로 나뉘어져 있어서 현재도 분쟁이 계속되고 있대.

 잘 따라 쓰면서 읽어 봐.

보스니아-헤르체고비나 - 사라예보

보스니아-헤르체고비나 - 사라예보

보스니아-헤르체고비나 - 사라예보

보스니아-헤르체고비나 - 사라예보

TIP 보스니아-헤르체고비나는 '보스니아어'와 '크로아티아어'를 써.

Africa

아프리카

아프리카는 아시아 다음으로 큰 대륙이야. 아프리카에는 세계에서 가장 큰 사막인 '사하라 사막'이 있는데 사하라 사막을 중심으로 북부 아프리카와 중남부 아프리카로 나뉘어. 북부 아프리카는 대부분 백인종이고 중남부 아프리카는 대부분 흑인종이야. 아프리카에는 어떤 나라들이 있고, 그 나라들의 수도는 어디인지 살펴볼까?

세네갈

자, 출발!

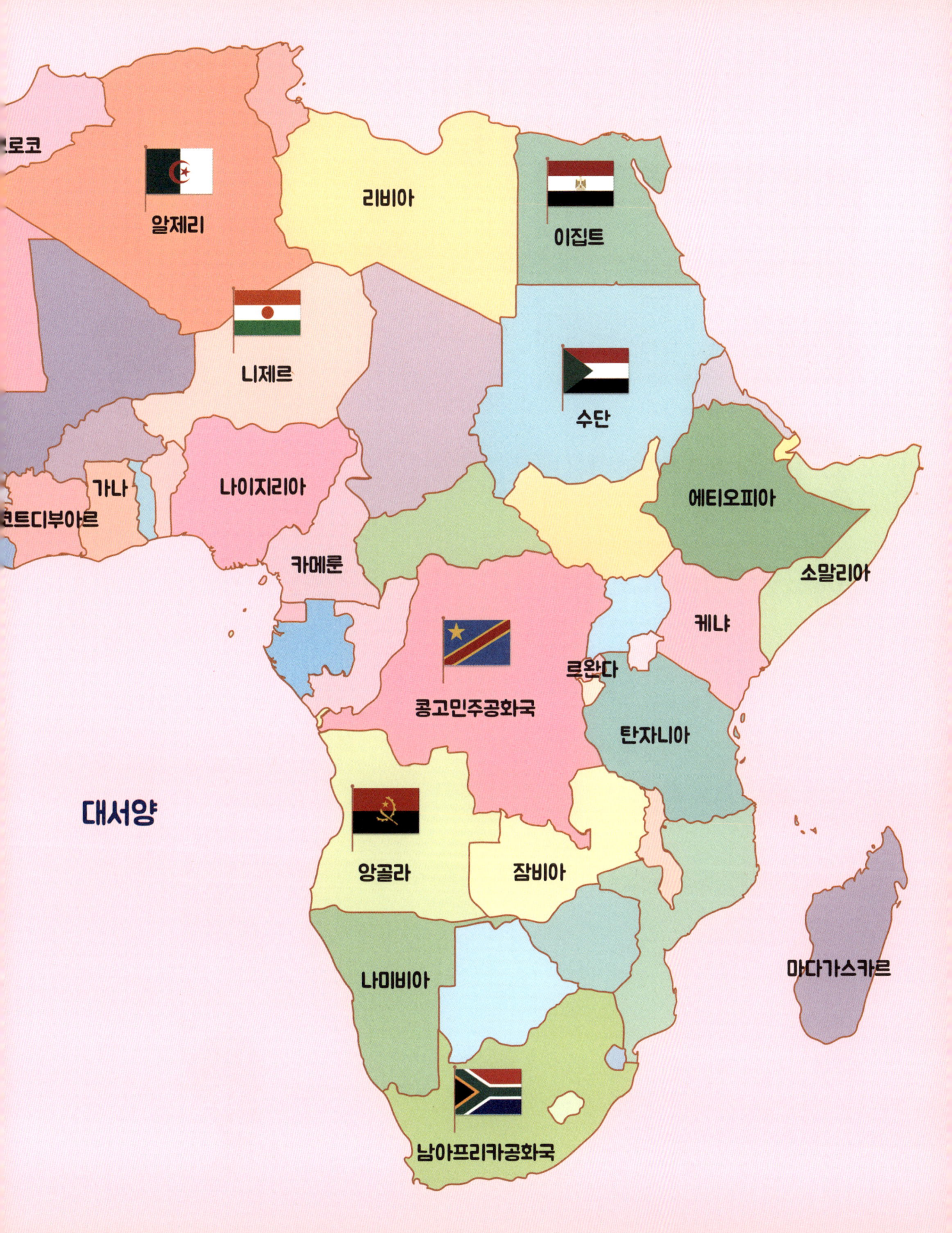

61. 에티오피아 (정식 국가명: 에티오피아연방민주공화국)

수도는 '아디스아바바'야.

 잘 따라 쓰면서 읽어 봐.

에티오피아 - 아디스아바바	에티오피아 - 아디스아바바
에티오피아 - 아디스아바바	에티오피아 - 아디스아바바
에티오피아 - 아디스아바바	에티오피아 - 아디스아바바
에티오피아 - 아디스아바바	에티오피아 - 아디스아바바

TIP 에티오피아는 '암하라어'와 '영어'를 써.

62. 케냐 (정식 국가명: 케냐공화국)

수도는 '**나이로비**'야.

잘 따라 쓰면서 읽어 봐.

케냐 - 나이로비	케냐 - 나이로비
케냐 - 나이로비	케냐 - 나이로비
케냐 - 나이로비	케냐 - 나이로비
케냐 - 나이로비	케냐 - 나이로비

TIP 케냐는 '영어'와 '스와힐리어'를 써.

63. 소말리아 (정식 국가명: 소말리아공화국)

수도는 '**모가디슈**'야. 오른쪽으로 인도양을 접하고 있는 항구도시지.

잘 따라 쓰면서 읽어 봐.

소말리아 - 모가디슈	소말리아 - 모가디슈
소말리아 - 모가디슈	소말리아 - 모가디슈
소말리아 - 모가디슈	소말리아 - 모가디슈
소말리아 - 모가디슈	소말리아 - 모가디슈

TIP 소말리아는 '소말리아어'와 '아랍어'를 써.

64. 탄자니아 (정식 국가명: 탄자니아합중국)

수도는 '도도마'야.

잘 따라 쓰면서 읽어 봐.

탄자니아 - 도도마	탄자니아 - 도도마
탄자니아 - 도도마	탄자니아 - 도도마
탄자니아 - 도도마	탄자니아 - 도도마
탄자니아 - 도도마	탄자니아 - 도도마

TIP 탄자니아는 '스와힐리어'와 '영어'를 써.

아프리카

65. 콩고민주공화국

수도는 '킨샤사'야.

 잘 따라 쓰면서 읽어 봐.

콩고민주공화국 - 킨샤사	콩고민주공화국 - 킨샤사
콩고민주공화국 - 킨샤사	콩고민주공화국 - 킨샤사
콩고민주공화국 - 킨샤사	콩고민주공화국 - 킨샤사
콩고민주공화국 - 킨샤사	콩고민주공화국 - 킨샤사

TIP 콩고민주공화국은 '프랑스어'를 써.

66. 르완다 (정식 국가명: 르완다공화국)

수도는 '**키갈리**'야. '넓은 토지'라는 뜻이래.

잘 따라 쓰면서 읽어 봐.

르완다 - 키갈리	르완다 - 키갈리
르완다 - 키갈리	르완다 - 키갈리
르완다 - 키갈리	르완다 - 키갈리
르완다 - 키갈리	르완다 - 키갈리

TIP 르완다는 '프랑스어', '키냐루완다어', '영어'를 써.

아프리카 • 81

67. 코트디부아르 (정식 국가명: 코트디부아르공화국)

수도는 '**야무수크로**'야. 원래 수도였던 '아비장'에서 옮겼지.

 잘 따라 쓰면서 읽어 봐.

코트디부아르-야무수크로	코트디부아르-야무수크로
코트디부아르-야무수크로	코트디부아르-야무수크로
코트디부아르-야무수크로	코트디부아르-야무수크로
코트디부아르-야무수크로	코트디부아르-야무수크로

TIP 코트디부아르는 '프랑스어'를 써.

68. 가나 (정식 국가명: 가나공화국)

수도는 '**아크라**'야. 항구도시지.

잘 따라 쓰면서 읽어 봐.

가나 - 아크라	가나 - 아크라
가나 - 아크라	가나 - 아크라
가나 - 아크라	가나 - 아크라
가나 - 아크라	가나 - 아크라

TIP 가나는 '영어'와 '토착어'를 써.

69. 니제르 (정식 국가명: 니제르공화국)

수도는 '니아메'야.
'니아나무가 자라는
하천 유역'이라는 뜻이래.

잘 따라 쓰면서 읽어 봐.

니제르 - 니아메	니제르 - 니아메
니제르 - 니아메	니제르 - 니아메
니제르 - 니아메	니제르 - 니아메
니제르 - 니아메	니제르 - 니아메

TIP 니제르는 '프랑스어'를 써.

70. 나이지리아 (정식 국가명: 나이지리아연방공화국)

수도는 '**아부자**'야.

잘 따라 쓰면서 읽어 봐.

나이지리아 - 아부자	나이지리아 - 아부자
나이지리아 - 아부자	나이지리아 - 아부자
나이지리아 - 아부자	나이지리아 - 아부자
나이지리아 - 아부자	나이지리아 - 아부자

TIP 나이지리아는 '영어'를 써.

71. 세네갈 (정식 국가명: 세네갈공화국)

수도는 '**다카르**'야. 아프리카 대륙 서쪽 끝, 대서양과 만나는 베르데곶에 있는 항구도시야.

 잘 따라 쓰면서 읽어 봐.

세네갈 - 다카르	세네갈 - 다카르
세네갈 - 다카르	세네갈 - 다카르
세네갈 - 다카르	세네갈 - 다카르
세네갈 - 다카르	세네갈 - 다카르

TIP 세네갈은 '프랑스어'를 써.

72. 카메룬 (정식 국가명: 카메룬공화국)

수도는 '**야운데**'야.
이곳 원주민 말로
'땅콩'이라는 뜻이래.

 잘 따라 쓰면서 읽어 봐.

카메룬 - 야운데	카메룬 - 야운데
카메룬 - 야운데	카메룬 - 야운데
카메룬 - 야운데	카메룬 - 야운데
카메룬 - 야운데	카메룬 - 야운데

TIP 카메룬은 '영어'와 '프랑스어'를 써.

73. 알제리 (정식 국가명: 알제리민주인민공화국)

수도는 '**알제**'야. 북쪽으로 지중해와 접한 항구도시야. 아랍어로 '작은 섬'이라는 뜻이래.

잘 따라 쓰면서 읽어 봐.

알제리 - 알제	알제리 - 알제
알제리 - 알제	알제리 - 알제
알제리 - 알제	알제리 - 알제
알제리 - 알제	알제리 - 알제

TIP 알제리는 '아랍어'와 '베르베르어'를 써.

74. 이집트 (정식 국가명: 이집트아랍공화국)

수도는 '**카이로**'야. 이곳에 아랍 연맹 본부가 있어.

잘 따라 쓰면서 읽어 봐.

이집트 - 카이로	이집트 - 카이로
이집트 - 카이로	이집트 - 카이로
이집트 - 카이로	이집트 - 카이로
이집트 - 카이로	이집트 - 카이로

TIP 이집트는 '아랍어'를 써.

75. 리비아 (정식 국가명: 리비아인민사회주의아랍공화국)

수도는 '**트리폴리**'야. 북쪽으로 지중해와 접한 항구도시야. 그리스어로 '3개의 도시'를 뜻한대.

잘 따라 쓰면서 읽어 봐.

리비아 - 트리폴리	리비아 - 트리폴리
리비아 - 트리폴리	리비아 - 트리폴리
리비아 - 트리폴리	리비아 - 트리폴리
리비아 - 트리폴리	리비아 - 트리폴리

TIP 리비아는 '아랍어'를 써.

76. 모로코 (정식 국가명: 모로코왕국)

수도는 '**라바트**'야.
서쪽으로 대서양에 접한
카사블랑카 다음으로 큰 도시야.
아랍어로 '교외'라는 뜻이래.

 잘 따라 쓰면서 읽어 봐.

모로코 - 라바트	모로코 - 라바트
모로코 - 라바트	모로코 - 라바트
모로코 - 라바트	모로코 - 라바트
모로코 - 라바트	모로코 - 라바트

TIP 모로코는 '아랍어'를 써.

77. 수단 (정식 국가명: 수단공화국)

수도는 '**카르툼**'이야. 거의 모든 건물이 모래먼지에 뒤덮여 있을 만큼 모래바람이 심하게 부는 곳이래.

 잘 따라 쓰면서 읽어 봐.

수단 - 카르툼	수단 - 카르툼
수단 - 카르툼	수단 - 카르툼
수단 - 카르툼	수단 - 카르툼
수단 - 카르툼	수단 - 카르툼

TIP 수단은 '아랍어'를 써.

78. 앙골라 (정식 국가명: 앙골라공화국)

수도는 '**루안다**'야. 원주민어로 '조개껍데기를 주워 왕에게 바친다.'는 뜻이래. 조개껍데기를 무척 귀하게 여겼대.

 잘 따라 쓰면서 읽어 봐.

앙골라 - 루안다	앙골라 - 루안다
앙골라 - 루안다	앙골라 - 루안다
앙골라 - 루안다	앙골라 - 루안다
앙골라 - 루안다	앙골라 - 루안다

TIP 앙골라는 '포르투갈어'를 써.

79. 마다가스카르 (정식 국가명: 마다가스카르공화국)

마다가스카르는 아프리카 대륙 남동쪽 인도양에 있는 섬나라인데 세계에서 네 번째로 큰 섬이야. 수도는 '**안타나나리보**'야.

 잘 따라 쓰면서 읽어 봐.

마다가스카르 - 안타나나리보	마다가스카르 - 안타나나리보
마다가스카르 - 안타나나리보	마다가스카르 - 안타나나리보
마다가스카르 - 안타나나리보	마다가스카르 - 안타나나리보
마다가스카르 - 안타나나리보	마다가스카르 - 안타나나리보

TIP 마다가스카르는 '프랑스어'와 '마다가스카르어'를 써.

80. 나미비아 (정식 국가명: 나미비아공화국)

수도는 '빈트후크'야.

잘 따라 쓰면서 읽어 봐.

나미비아 - 빈트후크	나미비아 - 빈트후크
나미비아 - 빈트후크	나미비아 - 빈트후크
나미비아 - 빈트후크	나미비아 - 빈트후크
나미비아 - 빈트후크	나미비아 - 빈트후크

TIP 나미비아는 '영어'를 써.

81. 남아프리카공화국

수도는 세 곳이야.
행정 수도는 '**프리토리아**',
입법 수도는 '**케이프타운**',
사법 수도는 '**블룸폰테인**'이야.

잘 따라 쓰면서 읽어 봐.

남아프리카공화국 - 프리토리아, 케이프타운, 블룸폰테인

남아프리카공화국 - 프리토리아, 케이프타운, 블룸폰테인

남아프리카공화국 - 프리토리아, 케이프타운, 블룸폰테인

남아프리카공화국 - 프리토리아, 케이프타운, 블룸폰테인

TIP 남아프리카공화국은 '영어', '아프리칸스어', '줄루어'를 써.

82. 잠비아 (정식 국가명: 잠비아공화국)

'잠비아'라는 이름은 커다란 수로, 위대한 강이라는 뜻의 '잠베지강'의 이름을 따서 지은 거래. 수도는 '**루사카**'야. 도시를 건설할 때 추장이었던 '루사카'의 이름을 그대로 썼대.

 잘 따라 쓰면서 읽어 봐.

잠비아 - 루사카	잠비아 - 루사카
잠비아 - 루사카	잠비아 - 루사카
잠비아 - 루사카	잠비아 - 루사카
잠비아 - 루사카	잠비아 - 루사카

TIP 잠비아는 '영어'를 써.

North America
북아메리카

자, 출발!

알래스카(미국)

'아메리카' 하면 보통 미국을 생각하기 쉬운데 미국은 북아메리카에 속하는 나라야.
아메리카는 북아메리카와 남아메리카로 나눌 수 있지.
북아메리카에는 어떤 나라들이 있고, 그 나라들의 수도는 어디인지 살펴볼까?

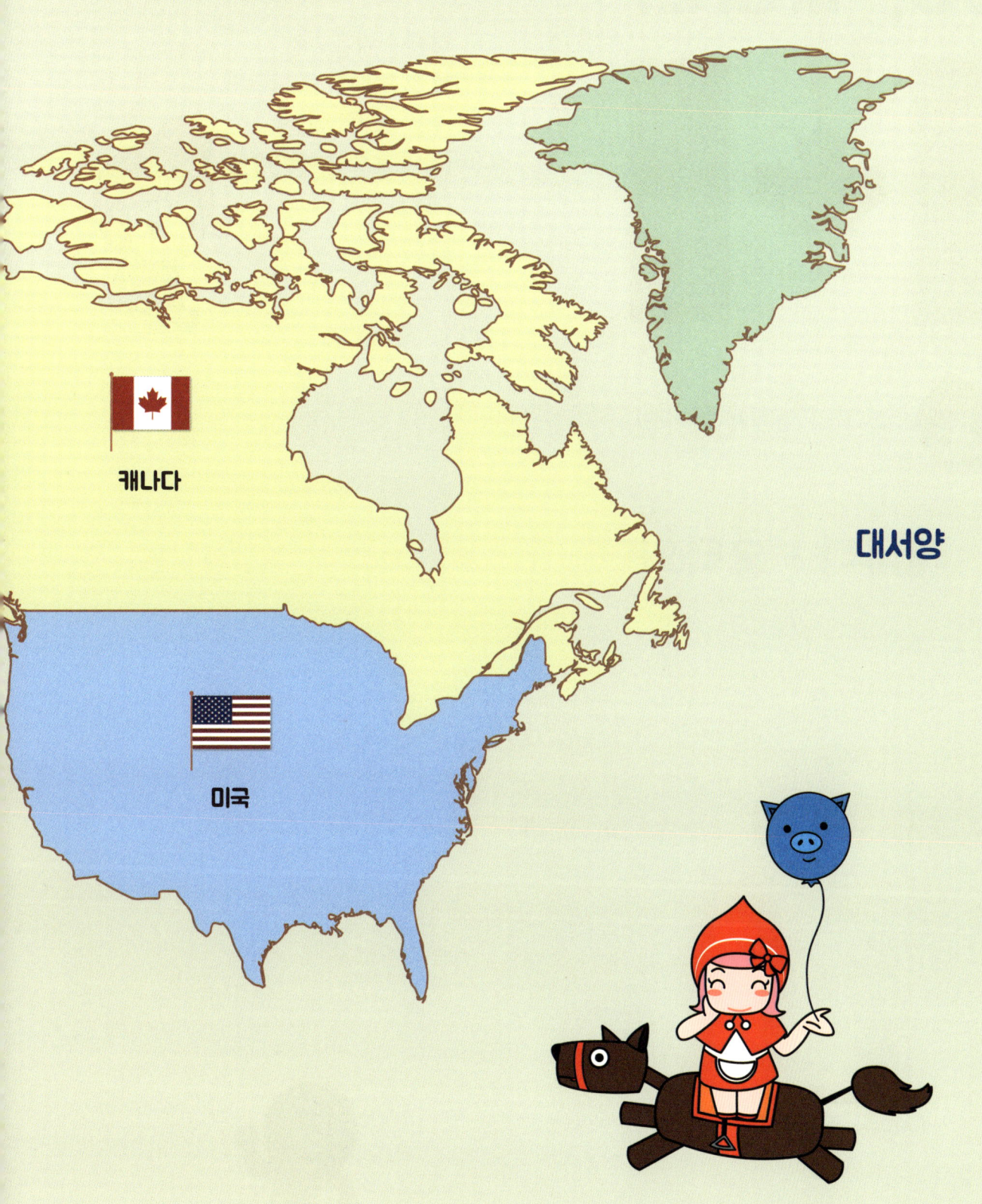

83. 캐나다

러시아 다음으로 세계에서 두 번째로 큰 나라야. 수도는 '**오타와**'야. 밴쿠버나 토론토가 아니니까 헷갈리지 마.

 잘 따라 쓰면서 읽어 봐.

캐나다 - 오타와	캐나다 - 오타와
캐나다 - 오타와	캐나다 - 오타와
캐나다 - 오타와	캐나다 - 오타와
캐나다 - 오타와	캐나다 - 오타와

TIP 캐나다는 '프랑스어'와 '영어'를 써.

84. 미국 (정식 국가명: 아메리카합중국)

수도는 '**워싱턴 D.C.**'야. '뉴욕'으로 잘못 알고 있는 사람도 많은데 뉴욕이 아니라 '워싱턴 D.C.'야. 알겠지?

 잘 따라 쓰면서 읽어 봐.

미국 - 워싱턴 D.C.	미국 - 워싱턴 D.C.
미국 - 워싱턴 D.C.	미국 - 워싱턴 D.C.
미국 - 워싱턴 D.C.	미국 - 워싱턴 D.C.
미국 - 워싱턴 D.C.	미국 - 워싱턴 D.C.

TIP 미국은 '영어'를 써.

South America
남아메리카

멕시

남아메리카를 '중앙아메리카'와 '남아메리카'로 나누기도 하지만 보통은 남아메리카라고 해. 북아메리카에는 캐나다와 미국뿐이었지만 남아메리카에는 많은 나라가 있어.
남아메리카에는 어떤 나라들이 있고, 그 나라들의 수도는 어디인지 살펴볼까?

자, 출발!

85. 멕시코 (정식 국가명: 멕시코합중국)

수도는 '멕시코시티'야. 세계에서 가장 큰 도시 중 한 곳이지.

 잘 따라 쓰면서 읽어 봐.

멕시코 - 멕시코시티	멕시코 - 멕시코시티
멕시코 - 멕시코시티	멕시코 - 멕시코시티
멕시코 - 멕시코시티	멕시코 - 멕시코시티
멕시코 - 멕시코시티	멕시코 - 멕시코시티

TIP 멕시코는 '에스파냐어'를 써.

86. 과테말라 (정식 국가명: 과테말라공화국)

수도는 '과테말라시티'야.

잘 따라 쓰면서 읽어 봐.

과테말라 - 과테말라시티	과테말라 - 과테말라시티
과테말라 - 과테말라시티	과테말라 - 과테말라시티
과테말라 - 과테말라시티	과테말라 - 과테말라시티
과테말라 - 과테말라시티	과테말라 - 과테말라시티

TIP 과테말라는 '에스파냐어'를 써.

남아메리카 • 105

87. 자메이카

자메이카는 카리브해상에 있는 섬나라야. 수도는 '**킹스턴**'으로, 서인도제도의 최대 항구도시야.

 잘 따라 쓰면서 읽어 봐.

자메이카 - 킹스턴	자메이카 - 킹스턴
자메이카 - 킹스턴	자메이카 - 킹스턴
자메이카 - 킹스턴	자메이카 - 킹스턴
자메이카 - 킹스턴	자메이카 - 킹스턴

TIP 자메이카는 '영어'를 써.

88. 코스타리카 (정식 국가명: 코스타리카공화국)

코스타리카는 '풍요롭고 아름다운 해변' 이라는 뜻이래. 수도는 '산호세'야.

잘 따라 쓰면서 읽어 봐.

코스타리카 - 산호세	코스타리카 - 산호세
코스타리카 - 산호세	코스타리카 - 산호세
코스타리카 - 산호세	코스타리카 - 산호세
코스타리카 - 산호세	코스타리카 - 산호세

TIP 코스타리카는 '에스파냐어'를 써.

89. 쿠바 (정식 국가명: 쿠바공화국)

수도는 '아바나'야.

잘 따라 쓰면서 읽어 봐.

쿠바 - 아바나	쿠바 - 아바나
쿠바 - 아바나	쿠바 - 아바나
쿠바 - 아바나	쿠바 - 아바나
쿠바 - 아바나	쿠바 - 아바나

TIP 쿠바는 '에스파냐어'를 써.

90. 베네수엘라 (정식 국가명: 베네수엘라볼리바르공화국)

수도는 '카라카스'야.

잘 따라 쓰면서 읽어 봐.

베네수엘라 - 카라카스	베네수엘라 - 카라카스
베네수엘라 - 카라카스	베네수엘라 - 카라카스
베네수엘라 - 카라카스	베네수엘라 - 카라카스
베네수엘라 - 카라카스	베네수엘라 - 카라카스

TIP 베네수엘라는 '작은 베네치아'라는 뜻이래. 베네수엘라는 '에스파냐어'를 써.

91. 볼리비아 (정식 국가명: 볼리비아다민족국)

수도가 두 곳이야.
행정 수도는 '**라파스**',
사법 수도는 '**수크레**'야.

잘 따라 쓰면서 읽어 봐.

볼리비아 - 라파스, 수크레	볼리비아 - 라파스, 수크레
볼리비아 - 라파스, 수크레	볼리비아 - 라파스, 수크레
볼리비아 - 라파스, 수크레	볼리비아 - 라파스, 수크레
볼리비아 - 라파스, 수크레	볼리비아 - 라파스, 수크레

TIP 볼리비아는 '에스파냐어', '케추아어', '아이마라어'를 써.

92. 브라질 (정식 국가명: 브라질연방공화국)

수도는 도시 계획으로 건설한 '브라질리아'야. 날개를 편 커다란 제트기 모양으로 생겼지.

잘 따라 쓰면서 읽어 봐.

브라질 - 브라질리아	브라질 - 브라질리아
브라질 - 브라질리아	브라질 - 브라질리아
브라질 - 브라질리아	브라질 - 브라질리아
브라질 - 브라질리아	브라질 - 브라질리아

TIP 브라질은 '포르투갈어'를 써.

93. 아르헨티나 (정식 국가명: 아르헨티나공화국)

수도는 '**부에노스아이레스**'야. 세계적인 무역항이지. 제266대 프란치스코 교황이 태어난 곳이기도 해.

잘 따라 쓰면서 읽어 봐.

아르헨티나 - 부에노스아이레스	아르헨티나 - 부에노스아이레스
아르헨티나 - 부에노스아이레스	아르헨티나 - 부에노스아이레스
아르헨티나 - 부에노스아이레스	아르헨티나 - 부에노스아이레스
아르헨티나 - 부에노스아이레스	아르헨티나 - 부에노스아이레스

TIP 아르헨티나는 '에스파냐어'를 써.

94. 에콰도르 (정식 국가명: 에콰도르공화국)

수도는 '키토'야.

잘 따라 쓰면서 읽어 봐.

에콰도르 - 키토	에콰도르 - 키토
에콰도르 - 키토	에콰도르 - 키토
에콰도르 - 키토	에콰도르 - 키토
에콰도르 - 키토	에콰도르 - 키토

TIP 에콰도르는 '에스파냐어'를 써.

95. 우루과이 (정식 국가명: 우루과이동방공화국)

수도는 '**몬테비데오**'야. '남아메리카의 작은 파리'라고 불릴 만큼 아름다운 도시래.

 잘 따라 쓰면서 읽어 봐.

우루과이 - 몬테비데오	우루과이 - 몬테비데오
우루과이 - 몬테비데오	우루과이 - 몬테비데오
우루과이 - 몬테비데오	우루과이 - 몬테비데오
우루과이 - 몬테비데오	우루과이 - 몬테비데오

TIP 우루과이는 '에스파냐어'를 써.

96. 칠레 (정식 국가명: 칠레공화국)

수도는 '산티아고'야.

 잘 따라 쓰면서 읽어 봐.

칠레 - 산티아고	칠레 - 산티아고
칠레 - 산티아고	칠레 - 산티아고
칠레 - 산티아고	칠레 - 산티아고
칠레 - 산티아고	칠레 - 산티아고

TIP 칠레는 '에스파냐어'를 써.

97. 콜롬비아 (정식 국가명: 콜롬비아공화국)

수도는 '보고타'야.
정식 명칭은 '산타페데보코타'야.
교육과 문화 활동의 중심지로 '남아메리카의 아테네'라고 불려.

 잘 따라 쓰면서 읽어 봐.

콜롬비아 - 보고타	콜롬비아 - 보고타
콜롬비아 - 보고타	콜롬비아 - 보고타
콜롬비아 - 보고타	콜롬비아 - 보고타
콜롬비아 - 보고타	콜롬비아 - 보고타

TIP 콜롬비아는 '에스파냐어'를 써.

98. 페루 (정식 국가명: 페루공화국)

수도는 '리마'야. '왕들의 도시'라고도 불린대.

잘 따라 쓰면서 읽어 봐.

페루 - 리마	페루 - 리마
페루 - 리마	페루 - 리마
페루 - 리마	페루 - 리마
페루 - 리마	페루 - 리마

TIP 페루는 '에스파냐어', '케추아어', '아이마라어'를 써.

Oceania
오세아니아

인도양

오스트레일리아

오세아니아는 남태평양에 있는 대륙으로, 오스트레일리아(호주)와 뉴질랜드 등 여러 섬나라를 통틀어 말해. 오스트레일리아는 코알라와 캥거루가 유명하고, 뉴질랜드는 날개와 꼬리가 없고 부리가 뾰족한 키위새가 유명해. 특히 자연환경이 아름답고 깨끗한 뉴질랜드는 영화 <반지의 제왕>을 촬영한 곳이기도 해.
오세아니아에는 어떤 나라들이 있고, 그 나라들의 수도는 어디인지 살펴볼까?

자, 출발!

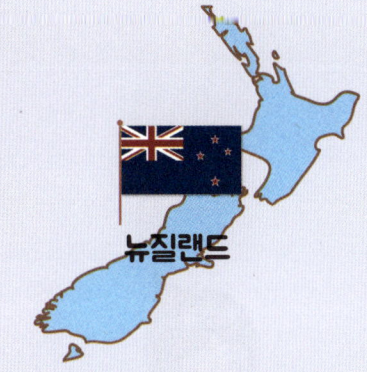

뉴질랜드

남극해

99. 뉴질랜드

수도는 '**웰링턴**'이야. 뉴질랜드 최대의 무역항이지.

 잘 따라 쓰면서 읽어 봐.

뉴질랜드 - 웰링턴	뉴질랜드 - 웰링턴
뉴질랜드 - 웰링턴	뉴질랜드 - 웰링턴
뉴질랜드 - 웰링턴	뉴질랜드 - 웰링턴
뉴질랜드 - 웰링턴	뉴질랜드 - 웰링턴

TIP 뉴질랜드는 '영어'와 '마오리어'를 써.

100. 오스트레일리아(호주)

(정식 국가명: 오스트레일리아연방)

수도는 '**캔버라**'야. '시드니'로 잘못 알고 있는 사람들이 많은데 시드니가 아니라 '캔버라'야. 알겠지?

잘 따라 쓰면서 읽어 봐.

오스트레일리아 - 캔버라	오스트레일리아 - 캔버라
오스트레일리아 - 캔버라	오스트레일리아 - 캔버라
오스트레일리아 - 캔버라	오스트레일리아 - 캔버라
오스트레일리아 - 캔버라	오스트레일리아 - 캔버라

TIP 오스트레일리아는 '영어'를 써.

특별한 의미가 있는 수도

질문에 맞는 수도는 어디인지 아래 보기에서 찾아 따라 쓰고 번호를 적어 봐.

1. 몽골의 수도야. '붉은 영웅'이란 뜻이 있대. ( )
2. 인도네시아의 수도야. '승리의 도시'라는 뜻이 있대. ( )
3. 타이(태국)의 수도야. '천사의 도시'라는 뜻이 있대. ( )
4. 베트남의 수도야. '두 개의 강 사이에 있는 도시'라는 뜻이 있대. ( )
5. 파키스탄의 수도야. '이슬람의 도시'라는 뜻이 있대. ( )
6. 사우디아라비아의 수도야. '정원'이라는 뜻이 있대. ( )
7. 아이슬란드의 수도야. '증기가 있는 하구'라는 뜻이 있대. ( )
8. 핀란드의 수도야. '발틱의 아가씨'라고 불리는 깨끗한 도시래. ( )
9. 스웨덴의 수도야. '북유럽의 베네치아'라고 불리는 항구도시래. ( )
10. 코스타리카의 수도야. '풍요롭고 아름다운 해변'이라는 뜻이 있대. ( )
11. 페루의 수도야. '왕들의 도시'라고 불린대. ( )
12. 카메룬의 수도야. 원주민 말로 '땅콩'이라는 뜻이 있대. ( )
13. 알제리의 수도야. 아랍어로 '작은 섬'이라는 뜻이 있대. ( )
14. 앙골라의 수도야. 원주민어로 '조개껍데기를 주워 왕에게 바친다.'는 뜻이 있대. ( )
15. 오만의 수도야. '산이 바다에 떨어진 곳'이라는 뜻이 있대. ( )

다음 보기에서 찾아 봐.

① 리마　② 이슬라마바드　③ 알제　④ 자카르타
⑤ 레이캬비크　⑥ 야운데　⑦ 방콕　⑧ 무스카트
⑨ 스톡홀름　⑩ 울란바토르　⑪ 하노이　⑫ 리야드
⑬ 산호세　⑭ 루안다　⑮ 헬싱키

1.⑩ 2.④ 3.⑦ 4.⑪ 5.② 6.⑫ 7.⑤ 8.⑮ 9.⑨ 10.⑬ 11.① 12.⑥ 13.③ 14.⑭ 15.⑧

나라와 이름이 같은 수도

다음 카드에는 수도 이름과 같은 나라가 섞여 있어. 어떤 나라인지 찾아서 동그라미 표시를 하고, 따라 써 봐.

도쿄	베이징	비엔티안
쿠알라룸푸르	싱가포르	뉴델리
테헤란	바그다드	예루살렘
쿠웨이트	바티칸시국	멕시코
브라질	모스크바	룩셈부르크
모나코	베른	알제리
마닐라	파리	암스테르담

싱가포르 쿠웨이트 바티칸시국 모나코

국기와 나라, 수도 짝 짓기

 중국	테헤란
 타이완	예루살렘
 인도	뉴델리
 이란	베이징
 시리아	타이베이
 아랍에미리트	오슬로
 이라크	바그다드
 이스라엘	다마스쿠스
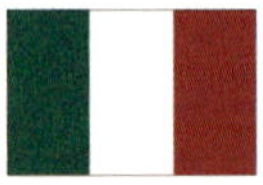 터키	리스본
 이탈리아	아테네
 포르투갈	앙카라
 에스파냐	런던
 그리스	로마
 영국	마드리드
 노르웨이	아부다비